누리 과정에서 쏙쏙

신체운동·건강 건강하게 생활하기 – 질병을 예방하는 방법을 알고 실천한다.

초등 과정에서 쏙쏙

통합 나2   1.나의 몸 – 몸 그리기, 내 몸을 살펴요, 내 몸이 아파요
과학 3-2   4.소리의 성질 – 2.소리 전달하기
과학 5-2   1.우리 몸

감수 및 추천 이명근 박사(미국 존스홉킨스 대학교 교수 역임, 현재 연세대학교 보건대학원 교수)
세계 곳곳의 재난지에 뛰어들어 어린이들은 물론 도움이 필요한 사람들을 구조하며 봉사의 삶을 사는 분입니다. 알아야 더 잘할 수 있다는 믿음으로 연세대학교 보건대학원에 '국제 재난 대응 전문가 과정'을 개설하여 많은 재난 구조 전문가를 양성하고 있습니다. 국제 NGO인 '머시코'(Mercy Corp.)와 UNDP(유엔경제개발계획)에서 활동하기도 했습니다. 지금은 재난 구호의 필요성을 알리고, 아시아와 아프리카의 개발을 위해 '코이카'(KOICA, 한국국제협력단)와 국제 개발 기관인 '글로벌 투게더' 등과 함께 봉사에 앞장서고 있습니다.

글 김해린
동국대학교에서 문예창작학을 공부하였습니다. 전 문화관광부와 디자인하우스 등에서 기자로 활동하였으며 오랫동안 동화 작가로 활동하였습니다. 작품으로는 〈우당탕탕 나롱이의 하루〉, 〈안 돼, 사우르〉, 〈아로 다로의 미로 찾기 대회〉, 〈워너 메이커〉, 〈노벨상이 두 번 선택한 과학자 마리 퀴리〉 등이 있습니다.

그림 지아
컴퓨터 산업디자인을 공부했으며 게임 디자이너로 일했습니다. 지금은 아기자기하고 예쁜 그림을 그리면서 아이들에게 따뜻한 마음을 심어 주는 그림 작가로 활동하고 있습니다.

인체 | 몸의 신호
21. 콜록콜록 신호를 보내요

글 김해린 | **그림** 지아
펴낸곳 스마일 북스 | **펴낸이** 이행순 | **제작 상무** 장종남
대표 조주연 | **주소** 서울특별시 종로구 사직로8길 20, 103호
출판등록 제2013-000070호　**홈페이지** www.smilebooks.co.kr
전화번호 1588-3201　**팩스** (02)747-3108
기획·편집 조주연 김민정 김인숙 | **디자인** 김수정 정수하
사진 제공 및 대여 셔터스톡 연합뉴스 프리픽

이 책의 모든 글과 그림 등의 저작권은 스마일 북스에 있습니다.
본사의 허락 없이 이 책에 실린 내용의 일부 또는 전체를 어떤 형태로든지 변조하거나 무단 복제하는 것은 법으로 금지되어 있습니다.

⚠ 책을 집어던지면 다칠 수 있으니 조심하십시오. 잘못 만들어진 책은 바꾸어 드립니다.

콜록콜록 신호를 보내요

글 김해린 | 그림 지아

걸리버가 탄 배가 폭풍을 만나 부서졌어요.
걸리버는 파도에 휩쓸려 작은 나라 바닷가에
쓰러져 있었어요.

"세상에 이렇게 큰 사람이 있다니!"
작은 나라 사람들이 걸리버 곁으로 모여들었어요.
"궁전으로 데려가 치료해 주어라."
왕이 명령을 내렸어요.

걸리버는 온몸이 오슬오슬 떨렸어요.
열이 나서 이마도 뜨끈뜨끈했지요.
"당장 의사를 데려와라!"
왕은 나라에서 제일 유명한 의사를 불렀어요.

의사가 체온계를 들고 허겁지겁 뛰어왔어요.
"어, 이상하다? 귓구멍으로 체온계가 들어가지 않네요."
의사는 걸리버의 귓속을 살펴보기로 했어요.

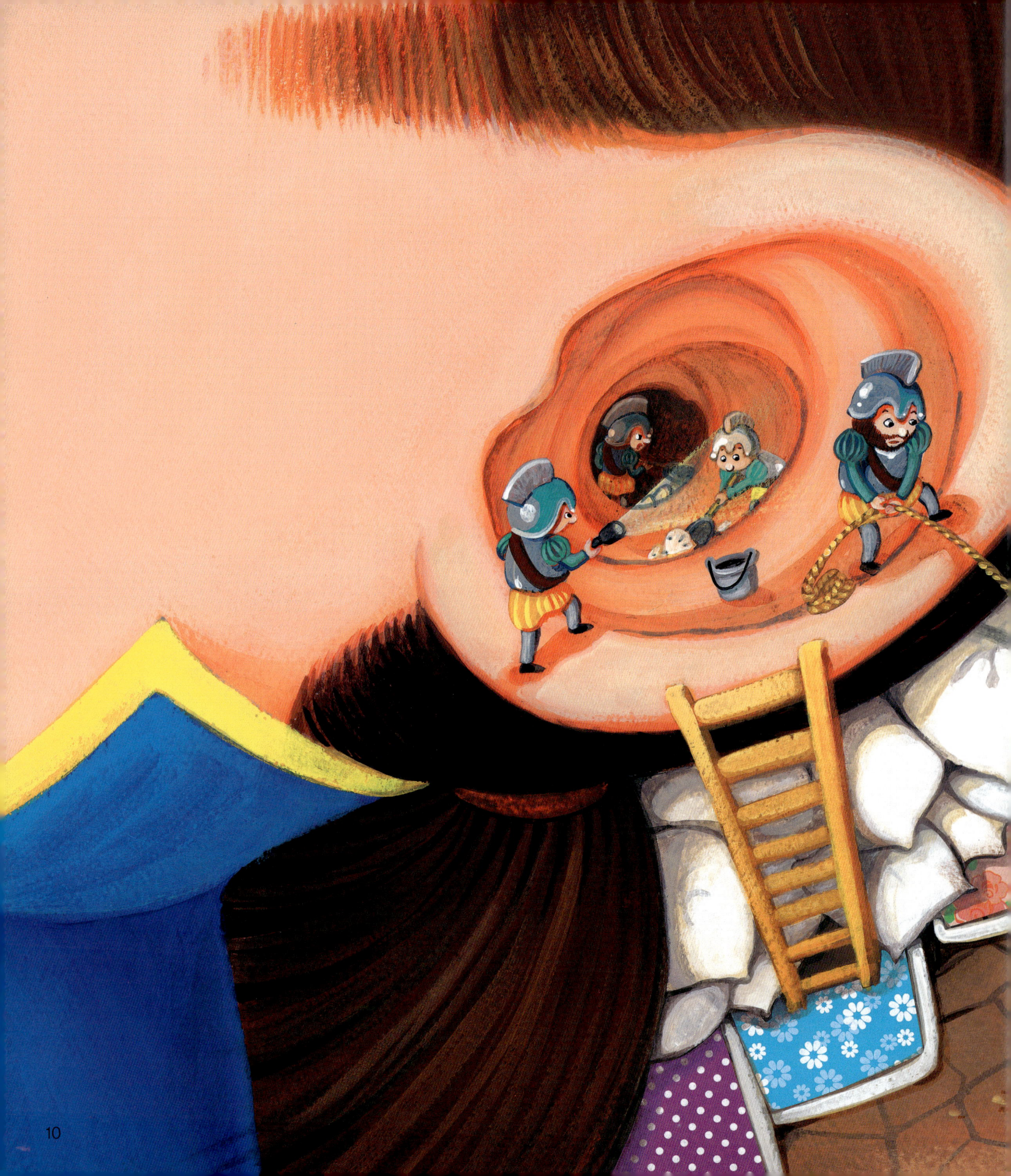

병정들이 걸리버의 귓속으로 들어갔어요.
"귓속에 **귀지**가 가득 있습니다."
병정들은 삽으로 걸리버의 귀지를 파내었어요.

🍅 **귀지가 뭐예요?**
귀지는 귓구멍 속에 낀 때로, 귓속 청소를 돕는 역할을 해요.
먼지나 나쁜 세균이 귓속으로 들어오는 것을 막기도 해요.

"음, 귀지를 파내니 체온을 잴 수 있군."
의사가 체온계를 들여다보며 말했어요.

그때 걸리버가 **콧물**을 줄줄 흘리며 말했어요.
"머리가 지끈지끈하고
목이 계속 따끔거려요.
지독한 감기에 걸린 것 같아요."

"휴지 좀 주세요. 콧물이 계속 흘러요."
걸리버가 앓는 목소리로 말했어요.
걸리버는 계속해서 코를 풀었어요.
걸리버가 코를 풀 때마다
궁전의 창문이 흔들거렸어요.

요리사들은 아픈 걸리버를 위해
양파 수프를 끓여 주었어요.
"고향에서 먹던 그 수프 맛이야!"
걸리버는 고향 생각이 나서
눈물을 뚝뚝 흘렸어요.

"아니, 이게 웬 물바다냐?"
왕이 깜짝 놀라 신하에게 물었어요.
"걸리버가 눈물을 흘리고 있습니다."
신하가 대답했어요.

눈물이 뭐예요?
눈물은 대개 슬플 때 눈에서 나는 물이에요. 눈물을 흘리면서 엉엉 울면 마음이 가라앉아요. 먼지나 양파의 매운 냄새가 눈동자에 닿을 때도 눈물이 나요. 이때 눈물은 눈을 보호하기 위해서 나오는 것이지요.

"재미있는 이야기를 해 줄게요."
"신나는 노래를 들어 보세요."
작은 나라 아이들은 아픈 걸리버를 위로해 주었어요.

"애들아, 정말 고맙다."
걸리버는 아이들 때문에 마음이 조금 놓였어요.
며칠 뒤, 걸리버의 감기가 다 나았어요.

"걸리버를 위해 파티를 열어라!"
왕이 축하 파티를 열었어요.
시녀들은 먹을 것을 계속 날랐어요.

"음식을 보니까 군침이 도는군."

걸리버는 입맛을 다시며 **침**을 흘렸어요.

침이 뭐예요?
입 안의 침샘에서 침이 나와요. 침은 입 안이 마르지 않게 보호하고, 입 안에 들어온 음식을 잘 섞이게 해요.

요리를 준비하는 요리사들과
시녀들의 머리 위로 침이 뚝뚝 떨어졌어요.

"이게 웬 비냐?"
왕이 놀라서 신하에게 물었어요.
"걸리버가 침을 흘리나 봅니다."
시녀들은 재빨리 우산을 펼쳤어요.

맛있는 음식을 실컷 먹고 나니
걸리버는 배가 불렀어요.
"끄윽! 배가 부르니 **트림**이 나오네."

꺼어억!

"이게 무슨 냄새지?"
왕이 놀란 표정을 지으며 물었어요.
"걸리버가 트림을 했나 봅니다."
지독한 냄새에 시녀들은
창문을 활짝활짝 열었어요.

몸이 건강해진 걸리버는 작은 나라 사람들이 무척 고마웠어요.
'사람들을 도와줘야겠어. 어떻게 도와주면 좋을까?
옳지, 사과 농장을 찾아가 보자.'
그때 걸리버 쪽으로 먼지바람이 불었어요.

"어, 왜 코가 간질간질하지? 뭐가 들어갔나?"
걸리버는 코를 만지작거렸어요.
"에취!"
순간 걸리버는 크게 **재채기**를 했어요.
사과나무에서 사과가 우수수 떨어졌어요.

"고마워요, 걸리버!"
마을 사람들은 사과를 가득 담은 바구니를
걸리버에게 선물로 주었어요.
작은 나라 사람들과 걸리버는 서로 도우며
행복하게 살았답니다.

우리 몸이 보내는 여러 가지 신호

배가 고프면 배에서 '꼬르륵' 소리가 나고, 맛있는 음식을 보면 입 안에 군침이 돌고, 음식을 맛있게 먹은 후에는 트림을 할 때도 있어요.
이렇게 **우리 몸은 여러 가지 신호**를 보낸답니다.

딸꾹딸꾹, 딸꾹질

우리가 숨을 쉴 때 공기가 기도를 통해 몸속에 들어갔다 나왔다 해요. 숨 쉬는 기관인 허파 바로 아래에는 숨 쉬는 것을 도와주는 커다란 근육이 있어요. 이것을 '횡격막'이라고 해요. 음식을 급하게 먹거나 긴장했을 때, 횡격막이 오그라들면서 **딸꾹질**을 하게 되지요.

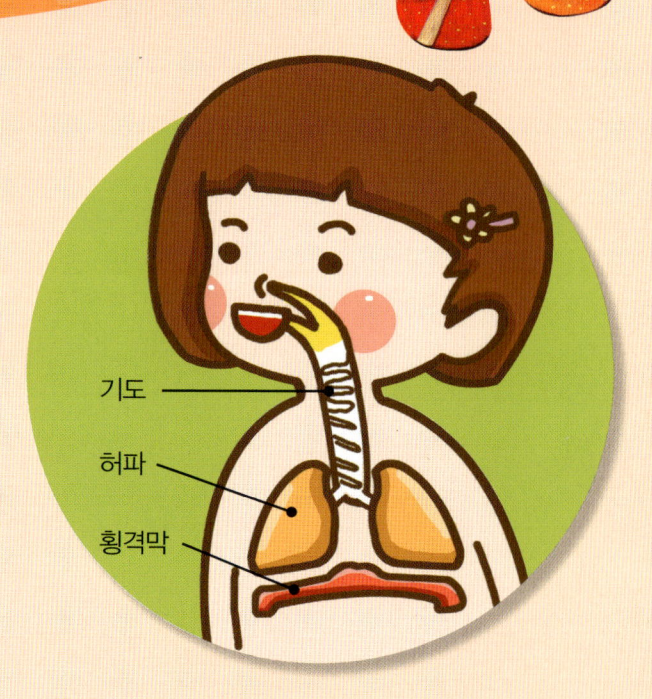

기도
허파
횡격막

에취, 재채기

재채기를 하는 것은 숨 쉴 때 먼지나 세균이 코로 들어왔기 때문이에요. 먼지나 세균이 콧속으로 들어오면, 우리 몸은 **재채기**를 해서 몸 밖으로 내보내요.

꼬르륵, 배가 고파요

음식을 먹지 않아 위가 빈 채로 있을 때, 밥을 달라는 신호로 위는 음식물이 들어왔을 때처럼 움직이며 운동을 해요. 이때 위 속에 있던 공기가 움직이면서 **꼬르륵** 소리가 나는 거예요.

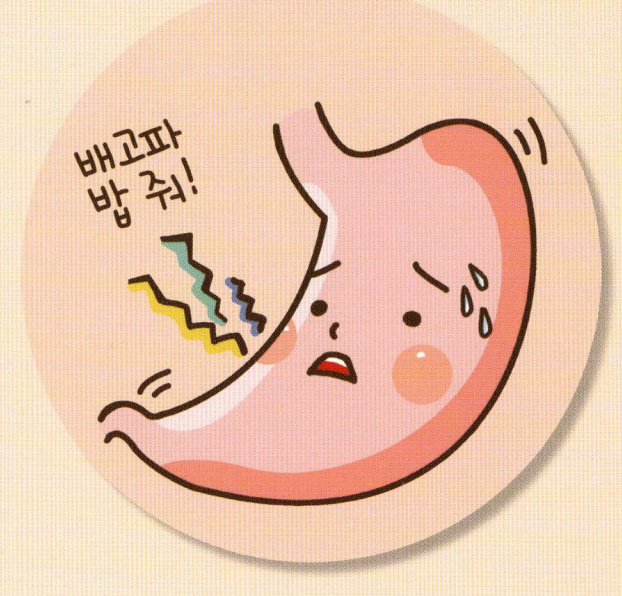

뿡, 끄윽, 방귀와 트림

음식을 먹거나 말을 할 때 배 속으로 공기가 들어가요. 그 공기가 음식물이 소화되면서 나온 가스와 섞여 항문을 통해 빠져나가는 것이 **방귀**예요. **트림**은 음식을 먹을 때 함께 들어간 공기가 위 속에 있다가 거꾸로 다시 입을 통해 나오는 거예요. 하지만 소화가 안 될 때도 트림이 나올 수 있어요.

훌쩍훌쩍, 콧물

감기에 걸리게 하는 나쁜 병균이 있어요. 그 병균이 콧속으로 들어오면 **콧물**을 내보내 병균과 싸우기 시작해요. 맵거나 뜨거운 음식을 먹거나 차가운 공기가 닿을 때도 코에서 콧물을 내보낸답니다.

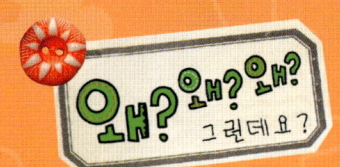

우리 몸의 신호에 대한 요런조런 호기심!

더울 때는 왜 땀이 뻘뻘 나요?

우리 몸의 온도는 36.5도를 유지하고 있어야 해. 몸에 열이 나서 몸의 온도가 36.5도보다 더 높아지면, 열을 몸 밖으로 내보내기 위해 땀을 흘리는 거야. 땀이 나와 마르면서 몸의 열을 식혀 주는 거란다. 운동을 할 때 땀이 나는 것도 몸의 온도가 올라가서 열을 식히기 위해서란다.

달리기를 하면 우리 몸은 높아진 체온을 낮추기 위해 땀을 흘려요.

몸이 아프면 왜 열이 나요?

몸에 들어온 나쁜 병균과 싸우느라고 몸이 힘드니까 열이 나는 거야. 우리 핏속에는 나쁜 병균을 잡는 세포인 백혈구가 있어. 백혈구는 우리 몸을 지키기 위해 병균과 열심히 싸워. 그 싸움에서 백혈구가 이기면 열이 내려간단다. 또한 아프고 나서 땀이 많이 나는 이유는 병균과 싸우는 동안 높아진 체온을 다시 원래대로 돌려놓기 위해서란다.

몸에 들어온 병균을 핏속의 백혈구가 잡아내고 있어요.

눈물을 흘리면 왜 콧물도 같이 나와요?

눈물은 눈꺼풀 안쪽에 있는 눈물샘에서 나와. 일부는 밖으로 흘러내리지만, 일부는 눈물주머니로 모여든단다. 눈물주머니는 코와 연결되어 있는데, 눈물을 많이 흘리면 넘쳐서 코로 흘러나오는 거야. 겉으로 보기에 눈·코·입이 따로 있지만, 몸속에서는 하나로 다 이어져 있단다.

눈·코·입은 하나로 통해 있어요.

더러운 귀지는 왜 자꾸 생겨요?

귓속에는 털이 있어. 먼지나 병균이 귀에 들어오면 털에 걸러지고 축축한 땀과 섞이게 돼. 그것이 그대로 굳으면 귀지가 되는 거야. 귀지는 먼지나 벌레 등이 귀에 들어오는 것을 막아. 귓속에 상처가 나면 귀지가 더 많이 생기는 이유도 귀를 보호하기 위해서란다.

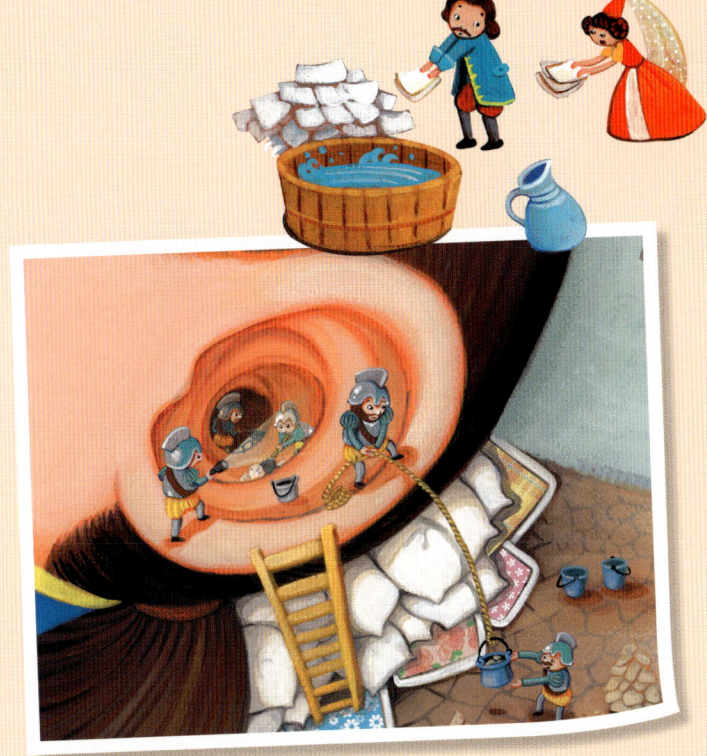

귀지가 너무 많을 때는 병원에 가서 파내는 게 좋아요.

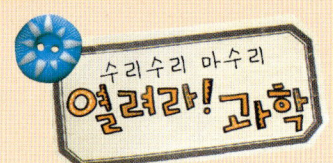
감기에 걸렸을 때 지켜야 할 예절

감기에 걸려 기침을 하거나 콧물이 흐를 때에는 친구에게
옮기지 않도록 조심해야 해요.

기침을 할 때에는 손으로 입을 가리고 해요.

콧물이 나올 때에는 꼭 휴지로 닦아요.

감기가 심해서 기침을 자주 하거나
재채기가 심할 때에는 옆 사람에게
옮기지 않도록 마스크를 해요.

우리 몸의 신경 지도 만들기

몸의 각 부분마다 느낄 수 있는 촉감의 정도가 다르다는 것을 알아보아요.

준비물 솜이 달려 있는 면봉 4~5개

엄마가 면봉으로 아이의 등을 찔러 보세요.

엄마가 몇 개의 면봉으로 등을 찔렀는지 아이에게 알아맞히도록 하세요.

아이의 눈을 감게 하고, 손등이나 발바닥, 무릎 등도 같은 방법으로 해 보세요.

엄마는 매번 면봉의 수를 달리해 주세요.

 **엄마, 아빠에게**

아이와 함께 우리 몸의 신경 지도를 만들어 보세요. 아이에게 자기 몸을 그리게 합니다.
그런 다음 가장 신경이 예민한 곳과 가장 신경이 둔한 곳을 찾아 표시하게 해 보세요.